Der Autor

François Moutou ist Tierarzt und lebt in Maisons-Alfort,
einem kleinen Ort bei Paris. Er erforscht Krankheiten,
die sowohl bei Tieren als auch beim Menschen vorkommen,
um herauszufinden, wie man ihnen vorbeugen
und sie heilen kann.

Der Illustrator

Ronan Badel hat in Straßburg Kunst studiert.
Nachdem er mehrere Jahre lang an einer Pariser
Kunsthochschule unterrichtete, kehrte er in die Bretagne
zurück, um eigene Kinder- und Jugendbücher
zu verfassen und zu illustrieren.

Natürlich **magellan**©

FSC
www.fsc.org
MIX
Papier aus ver-
antwortungsvollen
Quellen
FSC® C043106

Wir pflanzen Bäume
Für unsere Umwelt
www.magellanverlag.de

FAIR
PRODUZIERT
www.magellanverlag.de

**Hergestellt in Deutschland
Gedruckt auf FSC®-Papier
Farben auf Pflanzenölbasis
Lösungsmittelfreier Klebstoff
Drucklack auf Wasserbasis**

1. Auflage 2020
© 2020 Magellan GmbH & Co. KG, Laubanger 8, 96052 Bamberg
Die französische Originalausgabe erschien 2011 unter dem Titel
„Muguette et ses amis de la forêt" bei Éditions Le Pommier, Paris
© Le Pommier/Humensis, 2011
Text © 2011 François Moutou
Illustrationen © 2011 Ronan Badel
All rights reserved.

Alle Rechte der deutschsprachigen Ausgabe vorbehalten.
Übersetzung: Cornelia Panzacchi
Umschlaggestaltung: Christian Keller unter Verwendung
einer Illustration von Ronan Badel
Druck: Cuno, Calbe
ISBN 978-3-7348-6009-6

www.magellanverlag.de

François Moutou

MATTI

UND DAS LEBEN IM WALD

Illustriert von Ronan Badel

Aus dem Französischen von Cornelia Panzacchi

In den Baumkronen

In einem verlassenen Krähennest hoch oben in einer Astgabel thront ein schokoladenbraunes Fellknäuel. Das Fellknäuel heißt Matti und ist ein Baummarder. Im Unterschied zu anderen Marderarten ist sein Kehlfleck nicht weiß, sondern leuchtend gelb. Sein Körper ist lang und schlank, er hat recht kurze Beine und einen buschigen Schwanz.

Das Eichhörnchen

Eichhörnchen sind geschickte Kletterer. Mit ihren kräftigen Krallen finden sie in der Rinde von Stämmen und Ästen sicheren Halt.

Die Kohlmeise

Kohlmeisen sind, wie alle Meisen, kleine Flugkünstler. Und manchmal hängen sie sogar kopfüber von Zweigen herab.

Die Rabenkrähe

Rabenkrähen sind so etwas wie die Gesundheitspolizei des Waldes. Sie fressen die Körper toter Tiere und verhindern so, dass sich Krankheiten ausbreiten.

Ein perfektes Zuhause

Viele Waldtiere leben auf Bäumen, weil sie hier sehr viel zu fressen finden und die Äste sie vor Wind und Regen schützen. So hoch oben sind sie außerdem vor Tieren sicher, die am Boden jagen.

Die Waldmaus

Auch Waldmäuse können sehr gut klettern. Ihre Nester bauen sie jedoch nicht auf Bäumen, sondern unter dem Waldboden.

Auf Erkundungstour

Matti streckt sich und gähnt einmal herzhaft. Flink klettert er den Stamm hinunter, die Ohren gespitzt, der Blick wachsam. Eigentlich sind Baummarder nachtaktive Tiere, nur manchmal trifft man sie auch tagsüber an. Und sie sind sehr scheu! Man muss schon sehr genau hinschauen und besonders leise sein, um sie einmal zwischen den Ästen zu entdecken.

Perfekt im Gleichgewicht

Das Eichhörnchen hat einen buschigen Schwanz, mit dem es sich beim Klettern gut ausbalancieren kann. Wenn es doch einmal vom Ast fällt, benutzt es seinen Schwanz wie ein Ruder, sodass es immer wieder sicher auf allen vieren landet.

Vogelparadies

Im Wald trifft man auf sehr viele verschiedene Vögel. Manche suchen Baumstämme und Äste nach Nahrung ab, andere halten von hohen Ästen Ausschau nach Beute. Es gibt aber auch Vögel, die sich lieber in oder unter Sträuchern aufhalten.

Der Specht

Spechte sind die einzigen Vögel, die senkrecht an Bäumen hoch- und runterlaufen können. Das geht deshalb, weil bei ihnen, anders als bei anderen Vögeln, zwei Zehen nach vorne zeigen und zwei nach hinten. Ihre Schwanzfedern sind so stabil, dass sie sich damit zusätzlich am Stamm abstützen können.

Schützendes Dach

Im Frühjahr und Sommer spenden die Blätter der Laubbäume den Waldtieren kühlenden Schatten. Im Herbst und Winter schützen besonders die immergrünen Nadelbäume sie vor Schnee, Regen und Wind.

Ein wahrer Akrobat

Matti ist sehr geschickt: Er schaukelt auf Astenden und springt furchtlos von Baum zu Baum. Baummarder schaffen es, bei ihren Sprüngen Entfernungen von bis zu vier Metern zu überwinden. Ihre scharfen Krallen und die rauen Polster an den Unterseiten ihrer Pfoten sorgen dafür, dass sie immer und überall sicheren Halt finden.

Flügge werden

Wenn kleine Vögel das Fliegen lernen und das Nest verlassen, dann sagt man, sie werden „flügge". Kleinere Vogelarten werden meist schneller flügge als größere, weil ihre Flügel und Federn schneller ausgewachsen sind.

Der Siebenschläfer

Siebenschläfer haben ebenfalls einen sehr guten Gleichgewichtssinn. Sie halten rund sieben Monate Winterschlaf, daher ihr Name.

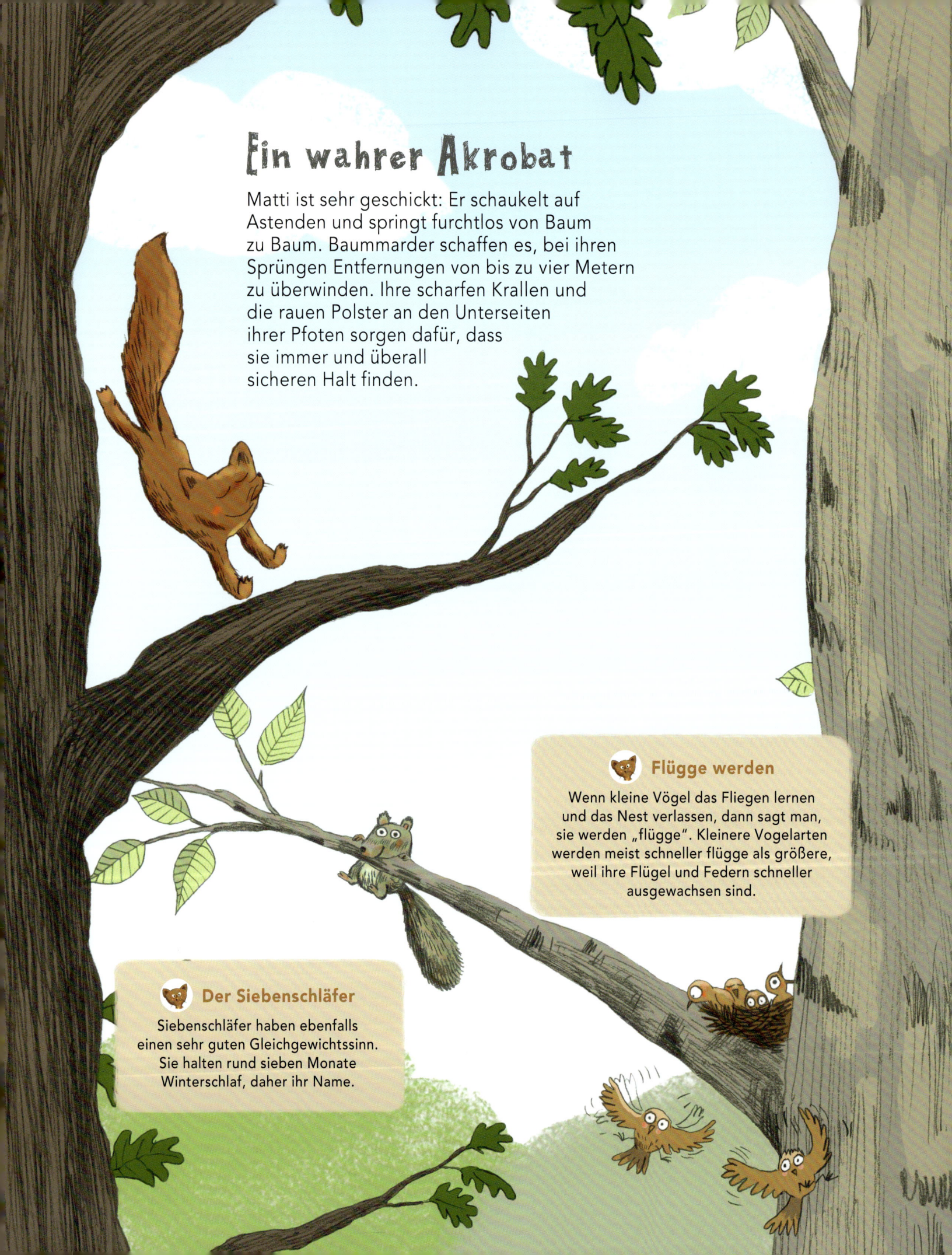

Der Kuckuck

Wie viele andere Waldvögel auch haben Kuckucke abgerundete Flügelenden. So können sie problemlos zwischen den engen Ästen hindurchlenken. Im Gegensatz zu anderen Vögeln brüten Kuckucke ihre Eier nicht selbst aus, sondern legen sie in fremde Nester.

Die Langohrfledermaus

Langohrfledermäuse haben besonders große Ohren, die ihnen dabei helfen, sich nachts zurechtzufinden. Mit ihrer Hilfe spüren sie Insekten auf, die völlig reglos auf Ästen sitzen.

Der Waldkauz

Waldkäuze schlafen tagsüber. Nachts, wenn sie auf die Jagd gehen, hören sie selbst leiseste Geräusche.

Auf Nahrungssuche

Baummarder sind zwar scheu, aber auch sehr neugierig. Matti hat ein Spechtloch entdeckt und schaut direkt einmal hinein, ob sich darin nicht etwas Leckeres versteckt. Das sieht der Specht gar nicht gerne, denn Marder sind Raubtiere und Allesfresser. Am liebsten fressen sie kleine Tiere wie Mäuse und Vögel – oder deren Eier.

Der Bockkäfer

Bockkäfer ernähren sich von Holz und leben meist in alten, verrottenden Baumstümpfen. Die Weibchen bohren jedoch Löcher in gesunde Bäume, um ihre Eier unter der Rinde abzulegen. Das kann den Baum krank machen.

Lebendige Zeitzeugen

Auch ein Baum ist ein Lebewesen. Bäume können sehr groß und auch sehr alt werden. Nicht selten werden sie über 40 Meter hoch – manche sogar über 100 Meter. Die ältesten bekannten Bäume sind bis zu 5.000 Jahre alt!

Kräftige Schnäbel

Spechte schlagen mit ihrem Schnabel große Löcher in den Baum, die ihnen als Nisthöhle für den Nachwuchs dienen. Manchmal verirren sich jedoch auch andere Waldbewohner dort hinein.

Gut versteckt

Fledermäuse lieben Verstecke: Ein Loch im Baumstamm, das von Rinde halb verdeckt ist, eine alte Spechthöhle … Erst nachts kommen sie heraus und gehen auf Beutefang.

Wie beim Menschen

Ebenso wie es im menschlichen Körper Adern und Venen gibt, durch die das Blut fließt, besitzt auch ein Baum ähnliche Gefäße. Sie liegen unter der obersten Rindenschicht, der Borke, verborgen. Durch sie fließt ein nährstoffreicher Saft. Wenn man die Rinde eines Nadelbaumes anritzt, tritt eine klebrige Flüssigkeit aus, die man Harz nennt.

Im Frühling

Im Frühjahr beginnt der ganze Wald, aufzublühen – und zu duften! Matti schnuppert neugierig an den Blüten. Aber er ist vorsichtig, denn manche Blüten, wie zum Beispiel Maiglöckchen, sind giftig. Nicht nur nach Nahrung wird jetzt gesucht, der Frühling ist auch die Zeit, in der sich viele Tiere auf die Suche nach einem Partner begeben.

Vogelkonzert

Der Frühling ist die Jahreszeit, in der man im Wald am meisten Vogelgezwitscher hört. Schon in den frühen Morgenstunden fangen die ersten Vögel an zu singen.

Das Maiglöckchen

Maiglöckchen wachsen meist unter großen Bäumen, um möglichst viel Sonne zu bekommen, bevor diese ihr Laub ausbilden.

Das Buschwindröschen

Buschwindröschen brauchen große, freie Flächen wie Wiesen oder Lichtungen, um zu wachsen.

Der Eichelhäher

Eichelhäher bezeichnet man auch als Gärtner des Waldes. Sie vergraben ihre Lieblingsspeise, die Eicheln, als Vorrat für den Winter. Aus den Eicheln, die sie nicht wiederfinden, wachsen im nächsten Frühjahr neue Bäume.

Der Pirol

Pirole erkennt man an ihrem leuchtend gelben Gefieder und den schwarzen Flügeln. Ihr Gesang ist sehr schön, aber auch sehr laut.

Der Frosch

Frösche, Kröten und Unken verbringen die meiste Zeit ihres Lebens im Wasser, deswegen trifft man sie häufig an Teichen oder Bächen an. Ihre Eier nennt man Laich. Die Ersten, die laichen, sind die Grasfrösche, es folgen die Laubfrösche und danach die Teichfrösche.

Froschlaich

Das hier unten ist Froschlaich. Bald schlüpfen daraus Kaulquappen, aus denen sich kleine Frösche entwickeln.

Im Frühsommer

Im Frühjahr und Frühsommer treiben die Bäume Knospen aus, aus denen neue Blätter und Blüten sprießen. Matti hat eine sehr feine Nase und kann die Bäume an ihrem Geruch unterscheiden. Baummarder haben tatsächlich so etwas wie Lieblingsbäume: Auf Eichen und Buchen trifft man sie am häufigsten an. Und manchmal treffen dort auch ein Mardermännchen und ein Marderweibchen aufeinander.

Blütenpracht

Vogelkirsche und Mehlbeere gehören zu den Bäumen, die als erste im Jahr blühen.

Kleine Blüten

Bei vielen Baumarten sind die Blüten so klein und unscheinbar, dass man genau hinschauen muss, um sie zwischen den Blättern zu entdecken.

Vielfalt Wald

Wälder können ganz unterschiedlich aussehen:
Hoch oben in den Bergen gibt es viele Nadelwälder
mit Fichten, Tannen und Lärchen. In tieferen Lagen
wachsen Laubwälder mit Buchen, Eichen und
Ahornen. Es gibt aber auch Mischwälder,
in denen sowohl Laub- als auch
Nadelbäume stehen.

Ungewöhnliche Blüten

Manche Blüten erkennt man auf den ersten
Blick gar nicht als solche: Die Blüten der Hasel
nennt man Kätzchen. Im Frühling sind sie
voller Blütenstaub, sodass sie ganz
pelzig aussehen.

Im Sommer

Im Gegensatz zu seinem Winterfell, das deutlich plüschiger ist, weil es eine dichte Unterwolle hat, ist Mattis Sommerfell sehr viel rauer, kürzer und glatter, sodass es sich eng an den Körper schmiegt. Dadurch ist es nicht ganz so warm. Das ist auch gut, denn tagsüber kann es jetzt sehr heiß werden.

Die Ricke

Im Frühsommer ziehen die Ricken, die weiblichen Rehe, ihre Kitze auf. So nennt man den Nachwuchs bei Rehen.

Dichtes Blattwerk

Der Wald leuchtet im Sommer in satten Grüntönen, die Bäume tragen ihr volles Laub. Viele Tiere suchen den Schatten, um sich auszuruhen.

Flugstunden

Vogeleltern stupsen ihre Jungen aus dem Nest. So lernen sie das Fliegen.

🍃 Sommerruhe

Im Sommer werden die Tage länger und die Nächte kürzer. Im Wald ist es jetzt ruhiger als im Frühjahr. Auch die Vögel singen weniger. Die Hitze macht alle träger.

🐾 Der Rehbock

Die Rehböcke, die männlichen Rehe, kämpfen häufig miteinander. Zum einen verteidigen sie so ihr Revier, zum anderen versuchen sie damit, eine Partnerin für sich zu gewinnen.

🐭 Die Rötelmaus

Rötelmäuse sind kleine Nagetiere, die in einem Erdbau wohnen, aber auch auf Bäume klettern. Rote Beeren wie die Walderdbeere schmecken ihr besonders gut.

🍃 Beerenfrüchte

Im Sommer findet man an Büschen leckere Beeren. Die süßen roten Früchte der Walderdbeere gibt es fast den ganzen Sommer über. Aber Vorsicht: Manche Beeren sind für den Menschen giftig!

Henry, der Hirsch

Manchmal begegnet Matti auf seinen Streifzügen anderen
Tieren. Heute trifft er auf einer Lichtung Henry, den Hirsch.
„Du, Henry? Was ist das da eigentlich auf deinem Kopf?",
fragt Matti verwundert.
„Das ist mein Geweih", erwidert Henry stolz.
„Sind das Äste aus Holz?"
„Aber nein, mein Geweih ist aus Knochen."
Matti staunt. „Und die wachsen dir so einfach da oben raus?"
„Ganz genau", nickt Henry.

Der Rothirsch und die Hirschkuh

Rothirsche und Hirschkühe sind vor allem am frühen
Morgen oder in der Abenddämmerung unterwegs.
Wie die Rehe sind auch sie reine Pflanzenfresser.

In Rudeln

Im Sommer sammeln sich auf Wiesen und Lichtungen Hirsch- und Rehrudel, die auf der Suche nach frischem, saftigem Gras sind.

Das Hirschkalb

Die weiß gefleckten Hirschkälber bleiben an ihren ersten Lebenstagen in ihrem Versteck. Die Mutter kommt immer wieder, um ihr Junges zu säugen.

Der Wolf

Wölfe leben in Rudeln. Sie verlassen ihre Familie erst, wenn sie alt genug sind, eine eigene Familie zu gründen. Alle heutigen Hunderassen stammen vom Wolf ab.

Das Hirschgeweih

Das Geweih wächst bei den Männchen ab dem Frühjahr, ist im Herbst voll entwickelt und fällt im Winter ab. In der Regel gilt: Je älter ein Hirsch ist, desto mehr Spitzen bildet sein Geweih aus.

Waldtraut, die Wildkatze

Auf dem Ast einer großen Eiche sitzt Waldtraut, die Wildkatze.
„Hallo, liebe Nachbarin", grüßt Matti fröhlich.
Die Wildkatze betrachtet den Marder argwöhnisch. „Was willst du, Matti?"
„Ach, ich bin nur neugierig … Sag mal, bist du eigentlich so etwas wie eine dicke Hauskatze?"
„Also, ich muss doch sehr bitten!", faucht Waldtraut empört. „Ich habe ein viel plüschigeres Fell und einen wunderschön buschigen, geringelten Schwanz!"

Die Wildkatze

Wildkatzen ziehen häufig in alte Dachsbaue ein. Auf Wiesen und Feldern jagen sie vor allem Waldmäuse und andere kleine Tiere. Sie sind Einzelgänger, haben also gerne ihre Ruhe.

Die Bache

Das Wildschweinweibchen nennt man Bache, die Jungen Frischlinge und das Nest, das sie für sie baut, heißt Wurfkessel. Bald nach der Geburt schließt sich die Bache mit ihren Frischlingen wieder der Gruppe an.

In der Rotte

Wildschweine gehören zu den größten Waldbewohnern. Zu ihrem Lieblingsfutter zählen Eicheln. In großen Gruppen, die man Rotten nennt, ziehen sie durch den Wald und über Felder.

Der Eber

Die Wildschweinmännchen, die Eber, haben sehr große Eckzähne. Die Eber setzen sie im Kampf ein. Weil Wildschweine sowohl Fleisch als auch Pflanzen mögen, sind sie Allesfresser.

Im Spätsommer

Der Sommer geht allmählich zu Ende. Pilze schießen aus dem Boden, und überall an den Sträuchern wachsen leckere Brombeeren. Matti schlüpft zwischen die dornigen Ranken und frisst so viele Beeren, wie er nur kann. Seine Schnauze und seine Zunge sind schon ganz blau!

Die Glockenblume

Glockenblumen erkennt man an ihren leuchtend blauen Kelchen. Manche Arten findet man sogar hoch oben im Gebirge.

Pilzvielfalt

Zum Ende des Sommers trifft man am Waldboden vermehrt auf Pilze, darunter Herbsttrompeten oder Pfifferlinge.

Baumsamen

Die großen Bäume produzieren Samen,
wie zum Beispiel Eicheln, und werfen sie ab,
um sich fortzupflanzen. Versteckt zwischen Farnen,
versucht jeder Same, zu einem kräftigen Baum
heranzuwachsen. Doch weil es so viele sind
und sie alle Licht brauchen,
schaffen es nur wenige.

Der Fliegenpilz

Fliegenpilze sind mit ihren leuchtend
roten, weiß getupften Kappen zwar
wunderschön anzusehen, aber auch
sehr giftig. Deshalb auf keinen
Fall berühren!

Der Steinpilz

Steinpilze sind essbar, schmecken gut und
sind daher sehr begehrt – nicht nur bei uns
Menschen. Besonders Waldmäuse und
Schnecken lieben Pilze.

Schorsch, der Schwarzstorch

Ein großer schwarzer Vogel landet auf einem Baum gegenüber von Matti.

„Guten Tag", sagt Matti schüchtern. „Wer bist denn du?"

„Ich bin Schorsch, der Schwarzstorch", erwidert der Vogel.

„Aha … Und warum habe ich dich noch nie hier gesehen?"

„Ich bin immer nur für den Sommer hier. Den Winter verbringe ich in Afrika, meiner zweiten Heimat."

Zugvögel

Manche Waldvögel verlassen uns im Herbst, um in wärmere Länder zu fliegen. Dabei legen sie sehr weite Strecken zurück. Diese Vögel nennt man Zugvögel.

Der Große Schillerfalter

Schillerfalter sind sehr schöne Waldschmetterlinge. Wenn sie ihre Flügel im Sonnenlicht entfalten, schimmern sie blau.

Störche

Während der Schwarzstorch im Wald lebt und sein Nest in hohen Baumkronen baut, sucht der Weißstorch die Nähe der Menschen und nistet auf Dächern.

Der Rotfuchs

Das Fell des Rotfuchses kann Farben von Rotbraun bis Braungrau aufweisen. Er ist etwas größer als eine Hauskatze, aber sehr scheu.

Der Feuersalamander

Feuersalamander lieben es feucht und kühl. Sie sind im Prinzip harmlos, doch unter der Haut liegen Giftdrüsen verborgen. Deshalb sollte man sie nicht anfassen. Das Weibchen legt keine Eier, sondern bringt lebende Junge zur Welt.

Erik, das Eichhörnchen

Von einem Ast aus beobachtet Matti seltsame Vorgänge. Erik, das Eichhörnchen, klettert immer wieder an einer Hasel rauf und runter. Am Boden gräbt er Löcher und versteckt darin etwas.
„Was machst du denn da, Erik?", fragt Matti verwundert.
„Ich lege Vorräte für den Winter an", antwortet das Eichhörnchen geschäftig.
„Indem du Nüsse vergräbst?"
„Ja, aber stör mich nicht, sonst vergesse ich noch meine Verstecke!"

Vorräte

Da Eichhörnchen keinen Winterschlaf, sondern Winterruhe halten, werden sie wach, sobald sie Hunger bekommen – und begeben sich dann auf die Suche nach ihren Vorräten. Einen Teil ihrer Verstecke vergessen sie. Das ist aber gar nicht schlimm, denn aus den vergessenen Nüssen wachsen im Frühjahr neue Bäume.

Schutzschicht

Fledermäuse halten keine Winterruhe, sondern verfallen in Winterstarre. Sie bewegen sich kaum noch und verbrauchen dadurch weniger Energie. Dafür fressen sie sich im Herbst eine dicke Fettschicht an, von der sie im Winter zehren können.

Immer hungrig

Die meisten Tiere fressen dann, wenn sie etwas zu fressen finden. Sie wissen ja nicht, wann es das nächste Mal wieder etwas gibt. Besonders im Winter, wenn nichts wächst und die meisten Tiere sich versteckt halten, findet man längst nicht jeden Tag Nahrung.

Im Herbst

Ein furchtbares Brüllen tönt durch den Wald, sodass
Matti vor Schreck fast vom Baum gefallen wäre.
„Warum brüllst du denn so laut, Henry?"
„Ich brülle nicht, ich röhre", erwidert der Hirsch beleidigt.
„Na gut, dann röhrst du eben. Aber ich kann bei deinem Krach
nicht schlafen!"
„Im Winter hast du deine Ruhe, Matti. Aber jetzt muss ich meine
Hirschkühe um mich sammeln!"

Bunte Farben

Im Herbst verfärben sich die
grünen Blätter der Laubbäume
erst gelb, dann rot und
schließlich braun, bevor
sie abfallen.

Konkurrenzkämpfe

Im Herbst versucht jeder Hirsch,
möglichst viele Hirschkühe für
seine Herde zu gewinnen.
Dabei kommt es häufig zu
Kämpfen zwischen den Rivalen.

Röhrende Hirsche

Ungefähr von Mitte September bis
Mitte Oktober röhren die Hirsche.
Das ist ganz schön laut. Damit versuchen
sie, die Hirschkühe zu beeindrucken.

Alles geht langsamer

Im Herbst werden die Tage kürzer und die Nächte länger und kühler. Die Bäume stellen das Wachsen ein. Pflanzen und Tiere bereiten sich auf die kalte Jahreszeit vor.

Der Hase

Hasen haben lange Ohren, die man Löffel nennt, und kräftige Hinterbeine, die Läufe, mit denen sie schnelle Haken schlagen können.

Die Herbstzeitlose

Von den Herbstzeitlosen sieht man im Frühjahr nur die Blätter, im Herbst dann nur die Blüten. Aber Vorsicht, sie ist giftig!

Blätterrascheln

Wie alle Marder wälzt sich Matti gerne in altem Laub. Im Herbst riecht der Waldboden anders, viel feuchter und modriger. Matti jagt einen Käfer, doch der rettet sich in ein Mauseloch. Marder sind zwar Raubtiere, doch auch sie stehen auf der Speisekarte vieler Fleischfresser, die größer sind als sie.

Miniaturwelt

Viele Tiere, die zwischen und unter den Blättern leben, sind sehr klein und schwierig zu entdecken. Hier unten wimmelt es nur so von Insekten, Spinnen und Würmern.

Laubschicht

Im Herbst ist der Waldboden von einer Schicht aus altem Laub und Nadeln bedeckt, die man auch Streu nennt. Im Winter ist diese Schicht besonders dick und schützt so den Boden und viele kleine Tiere vor der Kälte. Im Sommer wird das Laub von kleinen Lebewesen zersetzt.

Die Waldgrille

Waldgrillen erkennt man an ihren langen Fühlern. Sie haben zwar Flügel, doch diese sind so klein, dass sie damit nicht fliegen können.

Die Gelbbauchunke

Gelbbauchunken wohnen in Waldteichen. Ihr auffälligstes Merkmal ist ihr Bauch, der gelb und schwarz gesprenkelt ist.

Die Spitzmaus

Spitzmäuse können nicht besonders gut sehen, haben dafür aber eine sehr lange Nase, die an einen Rüssel erinnert. Mit dieser können sie besonders gut unter dem Laub nach Insekten stöbern.

Die Rote Waldameise

Ameisen leben in riesigen Familien und bilden lange Straßen, damit keine verloren geht. Sie sind so etwas wie die Waldpolizei, denn sie sorgen für Ordnung: Sie verbreiten Pflanzensamen, beseitigen tote Tiere und verbessern den Boden durch ihre Bauarbeiten.

Im Winter

Im Gegensatz zu vielen anderen Tieren bleiben Baummarder auch den Winter hindurch putzmunter. Fröhlich tollt Matti durch den Schnee – und stößt dabei beinahe mit Henry zusammen.

„Hey, pass doch auf!", beschwert sich der Hirsch.

„Oh, tut mir leid", entschuldigt sich Matti schnell. „Aber ich habe dich gar nicht bemerkt. Warum bist du denn plötzlich so still?"

„Das Futter ist knapp geworden, ich muss den ganzen Tag lang danach suchen", erwidert der Hirsch mürrisch.

„Na dann, viel Glück!", wünscht Matti und macht, dass er wegkommt.

Winterfell

Viele Tiere wie der Fuchs bekommen im Winter ein dichteres Fell. Eine Schicht längerer, steiferer Haare schützt sie vor Wind, Regen, Frost und Schnee.

Aufgeplustert

Im Winter sehen die Vögel dicker aus. Das liegt daran, dass sie ihr Gefieder aufplustern, damit es sie stärker wärmt.

Nadelkleid

Fichten, Tannen und Kiefern behalten ihre grünen Nadeln das ganze Jahr hindurch. Wenn Schnee liegt, wird es im Wald noch stiller. Die weiße Schicht dämpft alle Geräusche.

Spuren im Schnee

Die Stille trügt. Auch jetzt sind im Wald viele Tiere unterwegs. Das verraten zahlreiche Spuren.

Matti gähnt. Für heute reicht es ihm. Er sucht sich ein gemütliches Versteck und rollt sich zusammen. Hoffentlich kommt bald der Frühling wieder …

Das Schneeglöckchen

Wenn der Winter allmählich zu Ende geht, traut sich die erste Blume des Jahres hervor: das Schneeglöckchen.

Der Wald unter der Lupe

Tiere beobachten

Um im Wald einen Baummarder wie Matti zu entdecken, nimmst du am besten ein Fernglas mit. Und eine Lupe, um noch andere kleine Waldbewohner wie Ameisen zu beobachten. Natürlich kannst du im Wald auch fotografieren. Nimm außerdem Heft und Stift mit, damit du aufschreiben kannst, welche Tiere du wo gesehen hast und wie sie ausgesehen haben. Vielleicht fertigst du sogar kleine Zeichnungen an.

Generell gilt: **Beobachten** ist immer besser als Einfangen. Lass gefangene Tiere wieder **frei**, wenn du sie betrachtet hast, und gehe immer sehr **vorsichtig** mit ihnen um. Und **pass auf**, wohin du trittst, denn du weißt nie, was sich unter den Blättern verbirgt.

Bäume erkennen: die Form

Am besten kannst du Bäume unterscheiden, wenn du dir die Form der Krone anschaust. Ist sie eher rundlich oder spitz zulaufend, groß oder klein?

Für einen Waldspaziergang brauchst du: **feste Schuhe**, bei Regen einen **Regenmantel** und im Winter **warme Kleidung**. Und du musst sehr **leise sein**, denn viele Waldtiere fliehen vor lauten Geräuschen.

Stieleiche

Edelkastanie

Pappel   Fichte

Hasel

Bäume sind sehr wichtig für das **Klima** – und für uns, denn sie produzieren **Sauerstoff**. Ohne sie hätten wir keine Luft zum **Atmen**.

Bäume erkennen: die Blätter

Man kann Bäume auch anhand ihrer Blätter bestimmen.
Ein Blatt kann nadelförmig sein (Fichte), gelappt (Eiche)
oder gefiedert (Edelkastanie).

Eichenblätter   Pappelblatt   Fichtennadeln   Haselblatt   Edelkastanienblatt

Bäume erkennen: die Früchte

Im Herbst wachsen an den Bäumen Früchte. Achte auf Eicheln,
Bucheckern, Kastanien, Kiefernzapfen oder Maronen.
Manchmal findest du im Wald auch Äpfel und Birnen an
verwilderten Obstbäumen.

Eicheln   Buchecker   Kastanien   Marone

Kiefernzapfen   Apfel   Birne